COME SCRIVERE UNO SCRIPT PER UN BREVE FILM IN 1 GIORNO? -

UNA GUIDA PRATICA COMPLETA PASSO A PASSO PER LA CONVERSAZIONE DELLA TUA IDEA DELLA STORIA IN UNO SCENEGGIATURA PERFETTA...!!!

(ENGLISH VERSION ATTATACHED AT THE END)

SASI KRISH

Questo libro è stato pubblicato grazie al supporto gratuito di GOD:

Sommario

PERCHE 'HO SCRITTO QUESTO LIBRO?

Come causa ed effetto di una forte passione nella recitazione cinematografica negli ultimi 15 anni, sono finito motivato a diventare un regista. Il sogno del cineasta è finito nella ricerca di storie commercialmente redditizie e infine ho raggiunto un punto in cui ho iniziato a imparare come scrivere una "buona sceneggiatura".

Ho iniziato a studiare film in modo creativo solo guardando film con osservazioni e appunti di appunti contando ogni scena e scatti usando le dita e notando che ogni cosa è ordinata su base regolare. Questa pratica mi ha dato una grande "intuizione" su come i film sono suddivisi in scatti e come ogni scatto rende una scena significativa e nel suo insieme un film completo.

Dopo alcuni mesi di questo tipo di pratica di "osservazione del film", ho iniziato a leggere libri di autori come Syd Field sulla sceneggiatura che li appassionavano molto. Lentamente ho avuto la passione di vedere film del mondo in tutte le lingue, come inglese, italiano, iraniano, coreano, ecc. E ho visto questi film solo dopo aver letto la sceneggiatura online. Ogni film mi ha stupito con il suo stile di scrittura unico e la sua realizzazione perfetta. Questo tipo di pratica ha avanzato il mio interesse per la scrittura. Nel 2014, sono stato selezionato per partecipare a International Screenwriting Workshop organizzato da IIT-Madras e questo ha approfondito la mia conoscenza della scrittura un po 'di più e mi ha dato molta fiducia nei miei tentativi di sceneggiatura.

In totale, ho trascorso i miei ultimi 15 anni di vita per imparare a scrivere una grande sceneggiatura per film e cortometraggi; e questo libro è un'ESSENZA di ciò che ho imparato nella mia vita riguardo alla creazione di sceneggiature e ai miei tentativi di scrivere sceneggiature. Si prega di leggere e ottenere benefici.

PERCHÉ DOVRESTI LEGGERE QUESTO LIBRO?

Questo libro ti aiuterà ...

Perché in questa era di internet molto veloce, tutti possiedono smart phone con telecamere di qualità all'interno, quindi è possibile rendere qualsiasi contenuto di social media per ottenere facilmente la fama. Le persone che possono creare qualsiasi contenuto online come cortometraggi o video musicali o qualsiasi altro possono facilmente renderli famosi online in un breve periodo di tempo. Solo loro vogliono alcuni contenuti di film con alcune capacità di editing.

But any content, should be scripted properly before organizing them into a filmy content, then only it can be shot promptly to make the audience enjoy, this rule is very important especially for SHORT FILMS.

Molti nuovi cortometraggi emergono come registi di successo nel cinema mainstream dopo aver dimostrato la loro passione per la realizzazione di film dopo aver realizzato alcuni cortometraggi prima di entrare nel cinema commerciale per guadagnare milioni come loro stipendi.

Quindi, qualsiasi persona appassionata di regia cinematografica che voglia scrivere sceneggiature valide per i suoi progetti di cortometraggi sarà avvantaggiata dopo aver letto la mia guida passo-passo su come realizzare una sceneggiatura veloce nell'e-book in stile hollywoodiano.

CAPITOLO 1: DECIDI LA TUA STORIA DI 1-LINE

1. TROVA UNA PERFETTA CORRISPONDENZA DI "1 parola" DALLA TUA IDEA DI STORIA.

Non è un fatto evidente che qualsiasi film che nascerebbe da "una sola parola" - recentemente ho conosciuto questo fatto interessante e molto utile. La mia sceneggiatura Guru mi ha detto che il film 'Padrino' nasce da una sola parola 'possesso'. Ho pensato a questo fatto e ho identificato che era esattamente il concetto giusto. Puoi controllare tutti i film nella tua lista dei preferiti ed elencare la 'una parola' nascosta in ogni film, fallo semplicemente per il tuo scopo di allenamento. Sarai sicuramente stupito che tutti i grandi film si basino su una sola "parola perfetta". Allora, qual è la tua parola perfetta per il tuo cortometraggio o sceneggiatura? Scoprilo prima.

 # annota la tua parola per le tue idee di storia.

Puoi prendere un foglio bianco e annotare quella "una parola" dalla tua vaga idea di storia. E annota qualunque parola tu trovi perfetta per il tuo cortometraggio.

Prenditi 10 minuti o anche di più e annota quella "parola perfetta" che hai identificato per la tua storia (non è necessario il titolo del cortometraggio, è diverso!)

Hai trovato il tuo 'miracolo 1 parola' dalla tua idea di storia. Annotalo. Nella grande storia del film campione d'incassi 'Padrino', il 'miracolo 1 parola' è POSSESSO. Qual è il tuo 1-word ???

Questo è tutto il tuo compito principale di sceneggiatura di cortometraggi è finita ora.

CAPITOLO 2: TROVA UN GRANDE LOGLINE (1-LINE STORY)

1. CHE COS'È UN LOGLINE?

#Ora, hai il potente articolo descrittivo che descrive la tua storia, okay. Ora cosa? Ora, dovresti scrivere una riga che è conosciuta come "LOGLINE" della tua storia basata sulla tua 1 parola estratta, sei la tua vaga idea di storia.

#Ad esempio, la sola parola per il film 'Padrino' è POSSESSO, abbiamo già detto, e la logline o la trama a 1 riga di Padrino potrebbe essere 'come il Don Vito Corleone (Marlon Brando) gestisce la situazione per donare alla città il possesso supremo del mondo al suo figlio più giovane. "In questo modo, dovresti inquadrare l'idea a una sola riga della tua storia dopo aver trovato la giusta parola da una tua vaga idea di storia.

#Prendi 1 foglio bianco e annota più di un logline o idee di trama a una sola riga dalla tua vaga idea di storia di ciò che la tua parola chiave ha selezionato.

#Smetti di scrivere la 1-riga quando sei soddisfatto della migliore linea di log. Ora hai svolto un compito importante nel viaggio della tua fantastica sceneggiatura per il tuo cortometraggio (questa sarà la tua idea finale per la storia, pronta a spostare il prossimo passo per scrivere delineamento usando questo).

Nella situazione attuale del cinema indiano, la maggior parte dei grandi registi rivelano la loro linea di log (trama a una sola riga) prima agli attori più importanti (questi attori sono impegnati a recitare nel loro programma frenetico, incapaci di sedersi e ascoltare la storia completa) e dopo che l'attore dà il suo consenso o la sua simpatia per la storia a una sola riga del regista, quindi il regista organizzerà un gruppo di discussione e svilupperà quella idea di una sola riga in una "sceneggiatura vincolata" per narrare l'attore prima che pianifichi la sparatoria.

#Quindi, la trama a una sola riga è molto importante per qualsiasi cortometraggio, lungometraggio o qualsiasi idea nuova, o qualsiasi serie web ecc. Dal punto di vista del produttore e dell'attore, dato che investiranno un sacco di soldi quando l'idea viene presa in un film.

#Quindi, per favore, dai una buona cura e scrivi una perfetta idea di trama a 1 riga PRIMA.

2. COME DEVE ESSERE LA TUA LOGLINE?

Leggi prima le 3 linee di log sotto elencate e così puoi farti un'idea della struttura della tua prima storia in 1 parola o linea di log.

Esempio 1: **1 parola 'incidente'.**

Log line: How Two split thick friends join again after that particular incident in the bar (an emotional idea).

Esempio 2: **1 parola 'trappola'**

Logline: Eroe intrappolato nella macchina del tempo dopo aver dimenticato il codice di accesso e come torna al tempo presente (un'idea di fantascienza).

Esempio 3: **1 parola** "realizzazione"

Logline: Eroe ed eroina come realizzano il loro amore dopo essersi allontanati dopo la vita del college (idea romantica).

Hai compreso l'idea centrale di una trama a 1 riga decifrata dalla tua potente 1 parola dall'idea di una storia vaga?

Per favore, scegli un'idea di una trama e possiamo passare al prossimo capitolo molto importante su come incorniciare il contorno del tuo cortometraggio.

Perché *LOGLINES* sono importanti?

Un'idea di una storia unica su una sola riga può sempre essere espansa come una grande sceneggiatura da alcuni processi che impareremo nei seguenti capitoli. Quindi, prima di incontrare un attore o un produttore o un regista, dovresti tenere le tue numerose logistiche delle tue storie e rivelarle quando necessario. Se allineano una particolare storia o una linea di una riga, puoi mostrare la tua sceneggiatura completa di quell'idea. Questa sarà un'idea efficace per convertire il tuo copione in denaro nel cinema mainstream.

Compiti da completare lista:

1. La ricerca più adatta di 1 parola e annotazione nel foglio in cui scriverai la logline.
2. 2. Scrivere la Logline più adatta (storia a una sola riga).

Suggerimenti per la pratica:

Impiega da 30 minuti a 1 ora per scrivere la tua linea di log o la storia a una sola riga dalla tua 1 parola perfetta.

Materiali richiesti:

1 foglio bianco e penna o qualsiasi app per app per dispositivi mobili da scrivere.

CAPITOLO 3: SEMPRE ASPETTARE NUOVE IDEE DI STORIA

Come sceneggiatore dovresti tenere a mente i seguenti punti.

Ogni storia è solo nulla, ma dovrebbe essere un'idea di come le persone siano o si trovano in una situazione condizionata. Come appassionato di sceneggiatura, dovresti aspettare nuove idee per accendere il cervello prima di convertirle in una sceneggiatura (creando 1 parola e poi una logline). Hai mai pensato in qualche momento della tua vita a come gli scrittori di solito ottengono idee per i loro cortometraggi o lungometraggi o romanzi o altri contenuti?

Stai attento

#Gli scrittori sono sempre attenti alle situazioni del mondo circostante e traggono molte idee dalle loro esperienze di vita. Ad esempio, quando viaggi in un autobus o treno locale o durante un viaggio aereo incontri nuove persone. Dovresti osservarli e aprire gli occhi e le orecchie di cosa parlano da soli o di come si comportano, ecc. Questo tipo di osservazione ti aiuterà a pensare a nuove idee per i tuoi cortometraggi o film. Puoi creare nuovi nuovi personaggi da qualsiasi cosa tu abbia osservato nelle tue situazioni di vita.

Tieni sempre un taccuino e una penna in tasca

Quando incontri nuove persone o situazioni, dovresti notare punti nuovi e unici come nuove persone e i loro comportamenti e i loro problemi, ecc. Ogni volta che puoi ottenere un'idea da loro. Se ti dimentichi di prendere una nota di volta in volta, dopo qualche tempo ti dimenticherai di ogni nuova idea da quella situazione. Quindi, tieni sempre una penna e un piccolo taccuino sempre in tasca e nota spesso nuove situazioni o nuove persone per l'utilizzo futuro. Puoi anche utilizzare qualsiasi app per le note su dispositivo mobile invece di carta e penna. È una tua scelta.

CAPITOLO 4: SOLLEVARE 4 DOMANDE DAL TUO LOGLINE

1. PREPARARSI PER CHIEDERE 4 DOMANDE

Materiale necessario: 4 singoli fogli bianchi e penna o qualsiasi app mobile per la scrittura.

Se hai già capito qual è il perfetto 1-word del tuo cortometraggio e il suo logline (1-line story), allora sei pronto per passare al prossimo capitolo di raccogliere 4 domande mantenendo il tuo logline.

Queste 4 domande sono molto importanti se date loro ragionevoli risposte ragionevoli dal punto di vista della storia. Quindi, la tua storia si svilupperà di più.

Per inserire il passaggio a 4 domande, devi tenere in mano 4 fogli singoli in bianco. Dovresti scrivere ogni domanda che stai per sollevare nella parte superiore di ogni pagina dando lo spazio sottostante da compilare. Quindi, 4 pagine con il lato superiore con 4 domande, giusto?

Ora sapremo come sollevare 4 domande e come rispondere.

2. *QUALI SONO QUELLE 4 DOMANDE?*

DOMANDA #1: <u>CHI È IL TUO EROE O EROE DELLA TUA STORIA?</u>

La risposta potrebbe essere il tuo eroe maschio o femmina o anche un animale o qualsiasi cosa inanimata, ecc. Per favore decidi prima chi sarà il tuo eroe. Scrivilo sotto la domanda della prima pagina.

La tua storia potrebbe ruotare attorno a qualsiasi personaggio umano come uno studente, un re, un cacciatore, un uomo d'affari o qualsiasi altro. O anche un personaggio femminile come una studentessa universitaria, una donna anziana, una regina o uno sportivo ecc. O anche il tuo eroe può essere un cane, un cavallo, un gatto, una tigre o un leone o qualsiasi altro uccello o insetto, o persino sii un sasso di pietra ... !!

Per favore decidi prima il tuo HERO.

Ora descrivi il tuo personaggio basato su,

#Aspetto esterno (bianco o nero o corto o alto, brutto o bello ecc.).

#Caratteristiche caratteriali psicologiche interne (giovane arrabbiato o freddo o spaventoso o letterato o analfabeta ecc.).

#Si oi suoi amici, i dintorni della famiglia, altri personaggi correlati ecc.

Scrivi i dettagli di cui sopra in un singolo foglio sotto la domanda n. 1.

DOMANDA #2: <u>QUAL È IL PROBLEMA IMPORTANTE DEL TUO EROE NELLA STORIA?</u>

Ora, fai una domanda importante su quale sia l'importante PROBLEMA che il tuo ruolo da protagonista deve affrontare nel tuo cortometraggio. Per favore scrivi.

Il problema, ad esempio, potrebbe essere il viaggio dell'eroe per cercare il suo animale domestico scomparso o qualsiasi tipo di descrizione.

L'importante PROBLEMA della storia dovrebbe essere lucida e facilmente risolvibile o comprensibile da tutti, è molto importante perché il pubblico può essere di qualsiasi tipo o può concentrarsi su una certa comunità o società, è il tuo desiderio come scrittore.

Scrivi questa risposta nel foglio 2 sotto la domanda per questo.

DOMANDA #3: <u>QUAL È LO SFONDO DEL PROBLEMA IMPORTANTE DEL TUO EROE?</u>

Ora, dovresti scrivere la risposta alla terza domanda nel 3° foglio singolo. La risposta dovrebbe descrivere:

#Lo sfondo del problema dell'eroe, cioè come il problema colpisce l'eroe fisicamente e mentalmente.

#Chi sono tutti gli altri personaggi coinvolti nel problema dell'eroe.

#Dove si verifica il problema.

#Come si sviluppa il problema.

Dopo aver fornito una chiara descrizione del suddetto ramo di domande, questo terzo foglio ti darà una comprensione a 360 ° del tuo cortometraggio basato sul problema dell'eroe.

Ora possiamo passare alla domanda n. 4.

DOMANDA #4: <u>QUAL È LA "SOLUZIONE" PER IL PROBLEMA IMPORTANTE DEL TUO EROE?</u>

Nella quarta e ultima pagina della domanda, dovresti menzionare chiaramente qual è la soluzione che darai al problema principale del tuo eroe nel tuo cortometraggio?

La risoluzione del tuo cortometraggio può essere tortuosa, accettabile, logica e comprensibile dal tuo pubblico.

Si prega di scrivere la soluzione problema nella pagina 4a risposta ora.

È tutto. Ora, il tuo LOGLINE a 1 riga è stato sviluppato come un contenuto descrittivo chiaro di 4 pagine.
Congratulazione..!!

Ora, cos'è?

La struttura della tua storia dovrebbe essere scritta.
Passiamo ora all'emozionante capitolo OUTLINE.

Dai.

CAPITOLO 5: ELABORA IL TUO BREVE FILM

CHE COSA SIGNIFICA UNA DEFINIZIONE?

Un insieme di linee che indicano quale sia la forma di una storia o di un disegno è noto come OUTLINE. Qui intendiamo il contorno come la forma della nostra storia del cortometraggio. Va bene.

Quindi, dovremmo dare una forma alla nostra storia ora da ciò che abbiamo preparato sopra negli ultimi 4 capitoli, come una parola, logline, eroe deciso, il suo problema, l'angolo di 360 gradi del problema e la sua soluzione, ecc. Quindi, hai una buona idea della tua storia ora. Quindi, SCOPRI ora.

IMPORTANZA DEL PROGRAMMA PER UN BREVE FILM

#Ogni film che viene eseguito al di sotto dei 40 minuti di tempo viene generalmente definito SHORT FILM. Qualsiasi film che superi i 40 minuti viene chiamato FILM DI CARATTERE.

#Qualunque film o funzione dovrebbe avere una parte di storia, ad esempio una storia con parte INIZIALE, parte MEDIA (area problematica) e END (soluzione al problema o climax).

#Ogni schema dovrebbe contenere una chiara idea di dove la storia INIZIA, dove la storia CRESCE (al centro) e dove finisce la tua storia (climax). Se sei chiaro in queste tre cose, la tua storia è completa. Per favore scrivi 1-PARA della tua intera storia usando le idee di chi è il tuo eroe, qual è il suo problema principale, dove inizia il problema e da chi, e come l'eroe ottiene la risoluzione del suo problema - questi abbiamo tutti scritto sopra nel l'ultimo capitolo utilizza 4 fogli bianchi noti.

#Per favore prendi i 4 fogli in cui hai scritto sull'eroe, il suo problema e la sua soluzione, e usando quelle idee WRITE 1-PARAGRAPH che tratta l'intero schema della storia come con le parti INIZIO, MEDIO e FINE. È tutto. La tua trama del cortometraggio è pronta.

COME DEVE ESSERE LA TUA STRUTTURA?

Il tuo schema dovrebbe essere 1 paragrafo e se è un
paragrafo di 16 righe di:

#Si dovrebbe scrivere le prime 4 righe per spiegare l'inizio
della tua storia.

#Secondo 8 linee dovrebbero essere su come il problema
inizia e come cresce e influenza la vita dell'eroe.

Le ultime 4 righe dovrebbero spiegare la fine della storia
(climax). In totale, il tuo profilo dovrebbe essere nitido e
nitido.

Capire.

STRUTTURA DEL PIANO

La tua estrazione di 1 pagina di OUTLINE dalle 4 pagine di
HERO è il documento di base per il prossimo passo di
crescita del tuo copione di cortometraggio.

#La storia INIZIALE 4 linee dovrebbe spiegare l'inizio della storia e dovrebbe riguardare il contenuto della parte MIDDLE della SCHEMA.

Le righe della parte 8 del MIDDLE dovrebbero essere correlate al contenuto delle righe della parte 4 di INIZIO.

Le righe della parte 4 di END devono riguardare le righe della parte 8 del MIDDLE.

Ora, abbiamo raggiunto una fase cruciale di estrazione di scene dalla trama di 1 pagina nel prossimo capitolo.

Vieni al prossimo capitolo.

CAPITOLO 6: DIVIDI IL TUO SCHEMA IN 8 PASSI

Ora, l'attività per te è quella di dividere il tuo profilo di 1 pagina in un foglio di 8 passaggi. Dovresti prendere 8 fogli bianchi singoli per fare questa azione. Una volta terminati questi 8 passaggi, solo tu puoi estrarre le scene da ogni passaggio per creare un SCENE ORDER completo prima di saltare a scrivere una SCENEGGIATURA per il tuo cortometraggio.

Ogni passaggio richiede almeno 4 righe da completare. Finirai con 32 linee con 8 passaggi. Quali sono questi 8 PASSI. Ne vedremo uno da.

PRIMO PASSO:

Ancora una volta, dovresti scrivere 4 righe sulla vita del tuo eroe e lo sfondo in 4 righe. L'eroe e la sua vita di fondo

dovrebbero essere considerati importanti in questa prima
fase.

SECONDO PASSO:

Questo passaggio dovrebbe rivelare le caratteristiche fisiche
(apparenza) e psicologiche (mentali) del tuo eroe in 4 righe.

TERZO PASSO:

Questo terzo passaggio dovrebbe spiegare il problema
principale dell'eroe nel tuo racconto in 4 righe.

QUARTO PASSO:

Come il problema principale della storia influenzi la vita e la
situazione dell'eroe dovrebbe essere spiegato in questa 4a
fase in almeno 4 passi.

QUINTO PASSO:

Questo passaggio dovrebbe spiegare in che modo l'eroe cerca
la soluzione al suo problema prima di GIRARE IL PUNTO
della trama in 4 righe.

SESTO PASSO:

Questo sesto passo dovrebbe spiegare i problemi secondari
durante la ricerca della sua soluzione al suo problema
principale in 4 righe.

SETTIMO PASSO:

Questo passaggio dovrebbe spiegare la lotta finale per
risolvere il suo problema principale nel cortometraggio in 4
righe.

OTTAVO PASSO:

Come l'eroe risolve il suo problema principale dovrebbe
essere spiegato in questo 8 ° e ultimo passaggio in 4 righe.

Ora, dopo aver completato questi 8 passaggi, hai a portata di mano un'immagine di storia dettagliata completa di 32 righe. Ora possiamo passare al prossimo passaggio di come estrarre SCENE ORDER da questo contenuto. Va bene.

Vieni al prossimo capitolo di MAKE SCENE ORDER.

CAPITOLO 7: FARE L'ORDINE DELLA SCENA

COSA ABBIAMO FATTO ANCORA?

Solo per un promemoria, abbiamo creato 1-word e 1-line story (logline) e sollevato 4 domande e scritto la nostra risposta in 4 fogli. Quindi, abbiamo estratto il nostro schema di 1 pagina (12 righe) da quelle 4 pagine di contenuti. Quindi, lo abbiamo diviso in 8 parti e abbiamo scritto in dettaglio cosa e come il problema dell'eroe è iniziato e finito. Destra?

Ora siamo pronti per estrarre scene da ogni contenuto di parti in 8 fasi. Va bene. Prima di ciò dovresti capire cos'è una scena?

CHE COS'È UNA SCENA?

Una scena non è nulla, ma una vera vita che accade o nell'immaginazione in un determinato luogo, tempo, luogo, posizione, punto o luogo. Una scena fa parte di una sequenza (parte di segmento) di eventi in un cortometraggio, film, gioco, serie web ecc.

Le scene dovrebbero spiegare una storia VISUALMENTE con le DESCRIZIONI DEL SUONO e altri micro dettagli al pubblico per offrire un'esperienza migliorata.

SCENE DI ESTRAZIONE DA OGNI FASE DI 8.

Cosa dovresti fare come sceneggiatore del tuo cortometraggio in questo capitolo?

Ora hai 8 contenuti in 8 diversi fogli bianchi singoli. Destra?

#È necessario estrarre almeno una o più scene.

COME DOVREBBE CIASCUNA SCENA ESSERE?

#Si può dividere ogni passo di 4 righe in frasi (le parole da un punto (.) a un altro punto (.)) e numerare ogni frase, e rendere ogni frase in una scena.

#La scena finale indica qual è il business o l'azione che si verificano in ogni scena con un inizio, una parte centrale e una fine appropriati.

#Ogni scena dovrebbe essere ampliata VISUALMENTE.

#Non devi aggiungere DIALOGHI nelle tue scene.

#Ogni scena dovrebbe descrivere qual è il business della scena o dell'azione della scena, tutto qui. Possiamo aggiungere dialoghi e descrizioni audio dopo aver creato SCENE ORDER da questo passaggio. Capire?

#Ogni frase delle informazioni sulla storia dovrebbe essere convertita in una scena.

#Numero ogni frase e trasformale in una scena.

Ogni scena deve essere interconnessa alla scena successiva e precedente. Questo è molto importante.

Ogni attività o azione sulla scena dovrebbe spostare la storia un passo avanti.

Non ripetere alcuna azione o attività di nuovo inutilmente.

#Scrivi un diagramma di flusso di tutte le scene di tutte le
parti in 8 fasi.

Ogni scena dovrebbe essere interconnessa per rivelare la
tua storia in modo ordinato. Quindi, alla fine dell'estrazione
delle scene avrai almeno 8 o 12 scene in più nella tua mano.

NUMERI LA TUA SCENA E SCATENI UNA VOLTA IN UNO SCHEDA BIANCA.

Se si completa l'estrazione di scene da ciascuna frase dai fogli
informativi in 8 fasi, ora si ha un ORDINE SCENA completo.
Ora, possiamo passare al prossimo capitolo della parte
SCREENPLAY-DIALOGUE successiva.

Dai.

CAPITOLO 8: SCRIVI I DIALOGHI DI SCENEGGIATURA

Una volta che sei soddisfatto della tua lista SCENE ORDER come hai capito dal capitolo precedente. Sei pronto per scrivere SCENEGGIATURA con DIALOGO e DESCRIZIONI DEL SUONO alla tua scena uno alla volta dal tuo elenco in fogli bianchi separati.

Vedremo come è possibile scrivere sceneggiatura e dialoghi per ogni scena dal foglio degli ordini delle scene ora passo dopo passo.

COME PUOI SCRIVERE IL DIALOGO DI SCENEGGIATURA IN FOGLI BIANCHI?

MENZIONE POSTO

Se non si ha familiarità con i computer e il software di scrittura dello schermo (spiegherò come utilizzarli nel capitolo finale), è possibile iniziare a scrivere solo con fogli bianchi.

Dal tuo foglio degli ordini scena prendi una scena (affari o azione). In un foglio bianco, crea un margine piegando il lato sinistro e inizia a mettere alcuni dettagli sulla descrizione della scena come quando accade, quando accade indicando brevi descrizioni.

#Se accade una scena all'interno di una casa o di una società o in qualsiasi altro luogo, puoi annotarlo come INT. (interno) nell'angolo in alto a sinistra. Se la scena accade esteriormente dovresti denotarla come EXT. Questa è la cosa principale.

MENZIONE TEMPO

#Quando, dopo aver lasciato un singolo spazio, dovresti indicare quando succede NOTTE o GIORNO (anche l'ora è sera è giorno solo in termini di sceneggiatura in quanto c'è luce solare nei dintorni. La scena sarà denotata come notte anche se accade in la sera alle 7, in quanto non c'è luce del sole. Per favore, tienilo a mente.). Esempio di illustrazione è qui da uno dei miei script di cortometraggi.

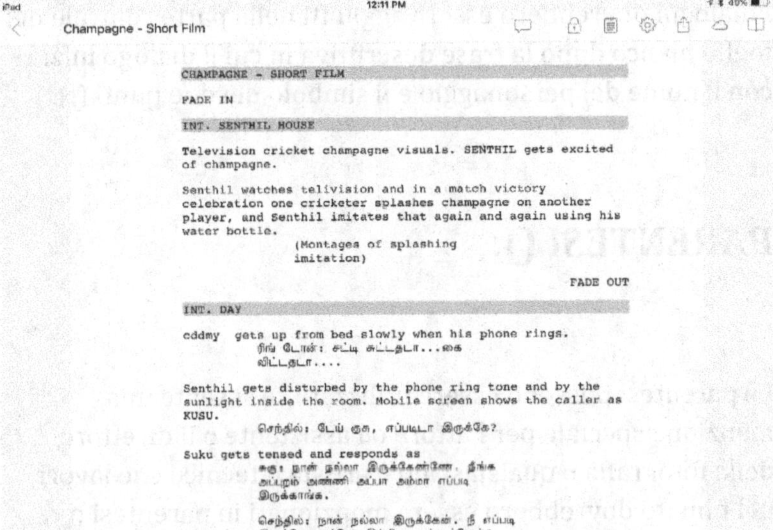

AFFARI O AZIONE

Dopo questo puoi scrivere ciò che accade in quella scena come descrizione come nell'immagine sopra. Puoi fermare la frase se un personaggio parla con un altro. Il dialogo dovrebbe essere scritto manualmente in un foglio bianco nella parte centrale del foglio per differenziare la parte del dialogo dall'azione o dalla parte commerciale.

DIALOGHI

I dialoghi dovrebbero essere aggiunti nella parte centrale del foglio bianco dopo la frase descrittiva in cui il dialogo inizia con il nome del personaggio e il simbolo dei due punti (:).

PARENTESI ():

Le parentesi possono essere utilizzate se si sente una menzione speciale per l'attore o l'assistente o il direttore della fotografia o qualsiasi altro artista o tecnico che lavori nel filmato dovrebbero essere menzionati in parentesi o parentesi dovunque lo si voglia in una scena.

SCENE TRANSITIONS

Dopo il tempo, il luogo, l'azione, i dialoghi e qualsiasi menzione speciale, dovresti menzionare come le tue scene finiscono come CUT TO o FADE OUT o DISSOLVE OUT ecc. Nell'angolo destro del foglio bianco.

Scrivi ogni scena in fogli separati e aggiungi le descrizioni della sceneggiatura come sopra. In questo modo, puoi completare una sceneggiatura di aspetto professionale usando solo fogli bianchi.

Nel prossimo capitolo, sapremo la parte interessante di come usare SCREENWRITING SOFTWARE per scrivere per il tuo cortometraggio o il tuo film, ecc. Ok.

Dai.

CAPITOLO 9: UTILIZZO DEL SOFTWARE SCREENWRITING

Questo capitolo è dedicato a farti conoscere il software di sceneggiatura per realizzare cortometraggi o sceneggiature.

IL SOFTWARE SCREENWRITING AIUTA IN MODO CREATIVAMENTE?

No.

PERCHÉ DOVREMMO UTILIZZARE IL SOFTWARE SCREENWRITING?

Ci sono molti software online e offline sul mercato con nomi diversi e con caratteristiche diverse e in prezzi diversi. E cosa fa effettivamente questo software di sceneggiatura? Sono utili nel processo creativo degli script? No. Questo software è utile solo per formattare correttamente la tua scrittura. È tutto.

TI SENTIRAI SPECIALI QUANDO SCRIVETE UTILIZZANDO IL SOFTWARE

Oggigiorno, tutti usano computer, smartphone e ipad ecc come il loro sesto dito e quindi l'utilizzo di internet è vasto in tutto il mondo rispetto a qualche anno fa. La tecnologia Internet sta crescendo di giorno in giorno e ha raggiunto la sua posizione di punta in questi giorni. Quindi, scrivere qualsiasi cosa usando fogli bianchi è un modo antiquato. Tutti hanno alcune app per fare diversi compiti quotidiani nei loro computer, telefoni cellulari e iPad e così via. Quindi, scrivere l'uso del software non è una cosa meravigliosa al giorno d'oggi.

CELTX IL MIO SOFTWARE GRATUITO PREFERITO

Anche se ci sono molti software a pagamento come Movie Magic, Final Draft, Fade In, Adobe Story ecc. Preferisco CELTX come il mio preferito per scrivere i miei cortometraggi e film Tamil perché è puramente GRATUITO..!!!

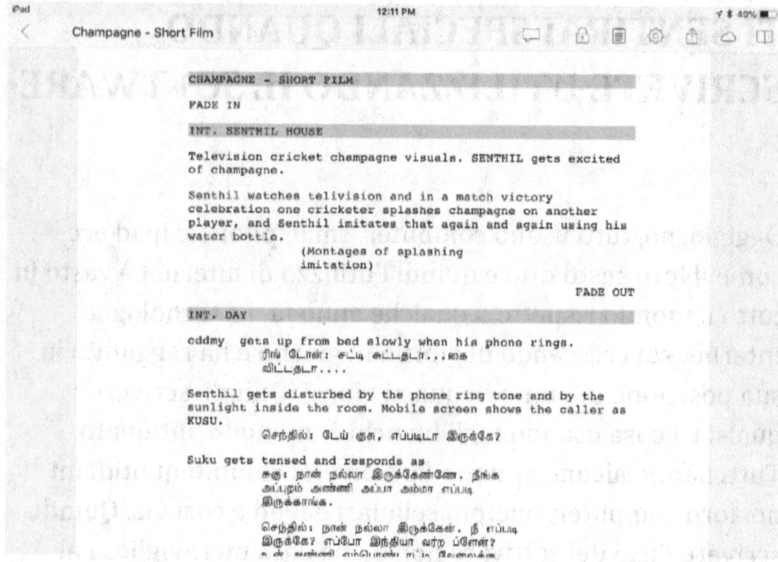

CELTX ha tutte le funzionalità per la sceneggiatura di qualità di Hollywood, ma GRATUITAMENTE. Tutte le funzionalità introdotte per scrivere il tuo script in fogli bianchi si basano esclusivamente sulle funzionalità di CELTX.

Oltre a quelli che ho menzionato, ci sono molte altre opzioni avanzate di formattazione degli script come la creazione di storyboard, la creazione di orari, ecc. Puoi usarli e goderti il comfort di preproduzione usando CELTX.

Ora, ci stiamo spostando verso il capitolo finale della conoscenza di ulteriori informazioni su come scrivere script usando CELTX in lingue diverse dall'Inglese.

CAPITOLO 10: COME SCRIVERE SCRIPT IN LINGUE DIVERSE DALL'INGLESE?

È importante notare che molti software di scrittura e scrittura gratuiti e pagati sono supportati principalmente dalla lingua inglese. Gli scrittori che non conoscono l'inglese stanno soffrendo utilizzando questo tipo di software di qualità da utilizzare nei loro film. Sono obbligati a scrivere solo in inglese.

Dopo alcuni mesi di sforzi, come scrittore Tamil in India, ho trovato uno strumento magico gratuito per scrivere nella tua lingua e copiarlo spesso in CELTX e conservarlo per le tue preparazioni di preproduzione.

UTILIZZA STRUMENTO TRANSLITERATO GOOGLE

#Vai a Google e digita "google translitterate tool" e otterrai uno strumento di scrittura. In questo strumento, puoi selezionare la tua lingua e puoi scriverla in inglese e ti verrà inviata la lingua.

#È possibile scrivere nella propria lingua locale e copiarli e incollarli nello strumento CELTX e salvarli e stamparli in seguito, una volta completato il copione prima delle riprese.

Sei soddisfatto di queste informazioni? Ero così felice dopo aver ottenuto questo strumento e vedere la mia sceneggiatura in stile hollywoodiano nella mia lingua Tamil.

Per favore usa tutte le tecniche e gli strumenti di scrittura come ho menzionato sopra e ottieni TUTTO IL SUCCESSO NEL TUO MONDO CREATIVO.

Ti auguro il meglio.

(ENGLISH TRANSLATION VERSION CONTINUES)

HOW TO WRITE A SHORT FILM SCREENPLAY FAST IN 1 DAY? -

A COMPLTE STEP-BY-STEP PRACTICAL GUIDE OF HOW TO CONVERT YOUR VAGUE IDEA INTO A PERFECT SCREENPLAY...!!!

SASI KRISH

This book was published thanks to free support from GOD:

Table of Contents

WHY I WROTE THIS BOOK?

As a cause and effect of strong passion in film acting in the last 15 years I ended up in motivated towards becoming a filmmaker. Filmmaker dream ended up in searching for commercially profitable stories and then finally I reached to a point where I started to learn how to write a 'good screenplay'.

I started to learn movies creatively only by watching movies with a notebook observation and note making by counting each scene and shots using fingers and noting everything orderly on a regular basis. This practice gave me a great 'insight' about how movies are split into shots and how each shot makes a meaningful scene and as a whole a complete movie.

After a few months of this kind of 'movie-observing' practice, I started to read books of authors like Syd Field about screenplay making very passionately. Slowly got addicted to see world movies by in all languages, such as English, Italian, Iranian, Korean etc. and I have seen these movies only after reading the script from online. Each movie stunned me with its unique style of writing and perfect making. This kind of practice advanced my writing interest. In 2014, I was selected to participate in International Screenwriting Workshop organized by IIT-Madras and this deepened my writing knowledge a bit more and gave me great confidence in my screenplay attempts.

In total, I have spent my last 15 years of life for learning how to write a great screenplay for movies and short films; and this book is an ESSENCE of what I learnt in my life about screenplay making and my attempts in screenplay writing. Please read and get benefited.

WHY YOU SHOULD READ THIS BOOK?

This book will help you...

Because in this very fast internet age, all possess smart phone with quality cameras inside, so it is possible to make any social media content to get fame easily. People who can create any online content like short films or music videos or any other can easily make them famous online in a very short period of time. Only they want some movie content with some editing skills.

But any content, should be scripted properly before organizing them into a filmy content, then only it can be shot promptly to make the audience enjoy, this rule is very important especially for SHORT FILMS.

Many new short filmmakers emerge as successful film directors in the mainstream cinema after proving their passionate skill in film making after making some short films before they jump into commercial cinema to make millions as their salaries.

So, any filmmaking passionate person who wants to write good scripts for their short film projects will get benefited after reading my step-by-step guide of how to make a fast screenplay in Hollywood style e-book.

Chapter 1. DECIDE YOUR 1-LINE STORY

1. Find a perfect matching '1-word' from your story idea

It is not an evident fact that any movie that would bud from 'only one word' – I recently have known this interesting and very useful fact. My screenwriting Guru told me that 'Godfather' movie was born from a single word 'possession.' I thought about this fact and identified it was exactly right concept. You can check as many as movies in your favorite list and list the 'one word' hidden in each movie, just do this for your training purpose. You will surely be amazed that all great movies are based on only one 'perfect word.' Then, what is your perfect word for your short film or feature film screenwriting? Find out first.

#jot down your one-word for your story ideas.

You can take a white sheet and jot down that 'one word' from your vague story idea. And jot down whatever the word you find perfect for your short film.

Take 10 minutes or even more and note down that 'perfect word' you identified for your story (this need not be the title of the short film; that is different!)

#Have you found your 'miracle 1 word' from your story idea. Note it. In the great world blockbuster movie 'Godfather' story, the 'miracle 1 word' is POSSESSION. What is your 1-word???

That's all your primary task of short film script is over now.

Chapter 2. FIND A GREAT LOGLINE (1-LINE STORY)

2. What is a LOGLINE?

Now, you have the powerful story-describing 1-word in your paper, okay. Now what? Now, you should write 1-line that is known as 'LOGLINE' of your story based on your 1-word extracted you're your vague story idea.

#For example, the one-word for 'Godfather' movie is POSSESSION, we have already told, and the logline or 1-line story of Godfather may be 'how the Don Vito Corleone (Marlon Brando) handles the situation to give the city's don world's supreme possession to his younger son.' Like this, you should frame 1-line idea of your story after finding the proper 1-word from your vague story idea.

#Take 1 white sheet and jot down more than one loglines or 1-line story ideas from your vague story idea of what your 1-word selected.

#Stop writing the 1-line when you are satisfied with the best logline. Now you have done an important task in the travel of your great screenplay for your short film (this will be your final story idea ready to move further next step to write outline using it).

In current situation of Indian cinema, most big directors reveal their log line (1-line story) first to the topmost actors (these actors are busy acting in their hectic schedule, unable to sit and listen the full story) and after the actor gives his consent or liking to the 1-line story of the director, then the director will organize a discussion team and develop that 1-line idea into to a 'bound script' to narrate to the actor before they plan the shooting.

#So, 1-line story is very very important for any short film, feature film, or any novel idea, or any web series etc from the producer's and actor's point of view, as they will invest a huge money when that idea is made into a movie.

#So, please give good care and write a perfect 1-line story idea FIRST.

3. HOW YOUR LOGLINE SHOULD BE?

Read the below 3 log-lines first and so you can get an idea of the structure of your first 1-word story or log-line.

Example 1: **1-word** 'incident'.

Log line: **How Two split thick friends join again after that particular incident in the bar (an emotional idea).**

Example 2: **1-word** 'trap'

Log line: **Hero who is trapped in the time-machine after forgetting the passcode and how he returns to the present time (a science fiction idea).**

Example 3: **1-word** 'realization'

Log line: **Hero and heroine how they realize their love after part their ways after college life (romantic idea).**

Understood the core idea of 1-line story deciphered from your powerful 1-word from the vague story idea?

Please pick one-line story idea and we can move to the next very important chapter of how to frame outline for your short film.

Why LOGLINES are important?

An one-line unique story idea can always be expanded as a big screenplay by some processes we are going to learn in the following chapters. So, before meeting any actor or producer or any director, you should keep your many loglines of your stories and reveal them when necessary. If they line any particular one-line story or logline, you can show your complete screenplay of that idea. This will be an effective idea to convert your script into money in the mainstream cinema.

Tasks to be completed list:

3. Most suitable 1-word finding and noting down in the sheet where you are going to write log-line.
4. Writing the most suitable Log-Line (one-line story).

Practice Tips:

Take 30 minutes to 1 hour time to write your log line or 1-line story from your perfect 1-word.

Required materials:

1 white sheet and pen or any mobile note app to write.

Chapter 3. ALWAYS WAIT FOR NEW STORY IDEAS

As a screenwriter you should keep the following points in their mind.

Any Story is just nothing, but should be an idea of how people be or a situation be in a curtained conditioned situations. As a screenwriting-passionate you should wait for new ideas to spark in your brain before you convert them into a screenplay (by making 1-word and then a logline). Have you thought about any time in your life how writers usually get ideas for their short films or feature films or novels or any other content?

Be vigilant

#Writers are always vigilant about their surrounding world situations and get many ideas from their experiences of life. For example, when you travel in a local bus or train or during an air travel you meet new people. You should observe them and open your eyes and ears what they talk to themselves or how they behave etc. This kind of observation will help you while thinking about new ideas for your short films or feature films. You can create new new characters from whatever you observed in your life situations.

Always Keep A Notebook and Pen in your Pocket

When you meet new people or situations, you should note new and unique points like new people and their behaviors and their problems etc. Any time you can get a story idea from them. If you forget to take a note time to time, you will forget about any new idea from that situation after some time. So, keep a pen and a small notebook in your pocket always and note new situations or new people often for the future usage. You can also use any mobile note app instead of pen and paper. It is your choice.

CHAPTER 4. RAISE 4 QUESTIONS FROM YOUR LOGLINE

3.   *PREPARE YOURSELF TO ASK 4 QUESTIONS*

Materials needed: 4 single white sheets and pen or any mobile app for writing.

If you are already understood what is the perfect 1-word of your short film and it's logline (1-line story), then you are ready to move to the next chapter of raising 4 questions keeping your logline.

These 4 questions are very important if you give proper reasonable answers to them from your story-point-of-view. Then, your story will develop more.

To enter 4-question step, you should keep 4 single sheet white sheets in your hand now. You should write each question you are going to raise on the top of each page with giving space below to fill. So, 4 pages with top side with 4 questions, right?

Now, we will know how to raise 4 questions and how to answer them.

4.   WHAT ARE THOSE 4 QUESTIONS?

QUESTION #1: <u>WHO IS YOUR HERO OR HEROINE OF YOUR STORY?</u>

The answer may be your hero a male or female or even an animal or any inanimate things etc. Please decide who is your hero first. Write it down below the question of the first page.

Your story might revolve around any man character like a student, king, hunter, businessmen, or any. Or even a female character like a college girl, an old women, a queen, or any sportsperson etc. Or even your hero may be a dog, horse, cat, tiger, or lion or any of other bird or insect, Or even may be a stone rock...!!

Please decide your HERO first.

Now, describe your character's based on;

#External appearance (white or black or short or tall, ugly or handsome etc).

Internal psychological characteristic features (angry youngman or cool or fearful or literate or illiterate etc.).

#His or her or its friends, family surroundings, other related characters etc.

Write the above details in a single sheet under the question #1.

QUESTION #2: <u>WHAT IS YOUR HERO'S IMPORTANT PROBLEM IN THE STORY?</u>

Now, ask an important question of what is the important PROBLEM your lead role faces in your short film. Please write down.

#The problem, for example, may be the hero's journey to search for his missing pet animal or anything kind of description.

#The story's important PROBLEM should be lucid and easily solvable or understandable by all, it is very important because audience may be of all sort of community or you may focus on a certain community or society, it is your wish as a writer.

#Please write down this answer in the sheet 2 under the question for it.

QUESTION #3: <u>WHAT IS THE BACKGROUND OF YOUR HERO'S IMPORTANT PROBLEM</u> ?

Now, you should write the answer to the 3rd question in the 3rd single sheet. The answer should describe;

#The background of the hero's problem i.e. how the problem affects hero physically and mentally.

#Who are all other characters involve in the problem of hero's.

#Where the problem happens.

#How the problem develops.

After giving clear description of the above branch questions, this 3rd sheet will give a you a 360-degree understanding of your short film based on hero's problem.

Now, we can move to question #4.

QUESTION #4: <u>WHAT IS THE 'SOLUTION' FOR YOUR HERO'S IMPORTANT PROBLEM</u> ?

In the 4th and final question page, you should clearly mention what is the solution you are going to give to your hero's main problem in your short film?

The resolution of your short film may be twisty, acceptable and logical and understandable by your audience.

Please write the problem solution in the 4th answer page now.

That's all. Now, your 1-line LOGLINE is being developed as a 4-page descriptive clear story content. Congratulation..!!

Now, what is it?

OUTLINE of your story should be written. Shall we move to the exciting OUTLINE chapter now.

Come on.

CHAPTER 5. OUTLINE YOUR SHORT FILM

WHAT DOES AN OUTLINE MEAN?

A set of lines that indicate what is the shape of a story or a drawing is known as OUTLINE. Here we mean the outline as the shape of our short film story. Okay.

So, we should give a shape to our story now from what we have prepared above in the last 4 chapters, such as one-word, logline, decided hero, his problem, the 360-degree angle of the problem and its solution etc. So, you have a good insight of your story now. So, OUTLINE it now.

IMPORTANCE OF OUTLINE FOR A SHORT FILM

#Any film that runs below 40 minutes of time is generally termed as a SHORT FILM. Any film that runs above 40 minutes is called as a FEATURE FILM.

#Any film short or feature should have a story part i.e. a story with a BEGINNING part, MIDDLE part (problem area), and the END (solution to the problem or climax).

#Any outline should contain a clear idea of where story BEGING, where story GROWS (middle), and where your story ENDS (climax). If you are clear in these three things then your story is a complete one. Please write 1-PARA of your whole story using the ideas of who is your hero, what is his main problem, where the problem starts and by whom, and how the hero gets resolution of his problem- these we have

all written above in the last chapter using 4 white sheets
know.

#Please take the 4-sheets where you have written about
hero, his problem, and its solution, and using those ideas
WRITE 1-PARAGRAPH that deals the whole story outline
such as with a BEGINNING, MIDDLE, and END parts. That's
all. Your short film story outline is ready.

HOW YOUR OUTLINE SHOULD BE?

Your outline should be 1 paragraph and if it is a 16-line
paragraph,

#You should write first 4 lines to explain the beginning of
your story.

#Second 8 lines should be about how problem starts and
how it grows and affects hero's life.

#The last 4 lines should explain the end of the story (climax).
In total, your outline should be crisp and sharp.

Understand.

STRUCTURE OF OUTLINE

#Your 1-page extraction of OUTLINE from the 4-pages about HERO is the basic document to the next step of growth of your short film script.

#The story BEGINNING 4 lines should explain the story beginning and should relate to the content of MIDDLE part of the OUTLINE.

#The MIDDLE part 8 lines should relate to the content of BEGINNING part 4 lines.

#The END part 4 lines should relate to the MIDDLE part 8 lines.

Now, we have reached a crucial stage of extracting scenes from the outline 1-page story in the next chapter.

Come on to the next chapter.

Chapter 6. DIVIDE YOUR OUTLINE INTO 8 STEPS

Now, the activity for you is to divide you 1-page outline to a 8-step sheet. You should take 8 single white sheets to do this action. Once you finished these 8 steps, then only you can extract scenes from each step to make a complete SCENE ORDER before you jump into write a SCREENPLAY for your short film.

Each step needs at least 4 lines to complete. You will end up with 32 lines with 8 steps. What are those 8 STEPS. We will see one by.

FIRST STEP:

Again, you should write 4 lines about your hero's life and it's background in 4 lines. Hero and his background life should be given importance in this 1st step.

SECOND STEP:

This step should reveal the physical (appearance) and psychological (mental) characteristic features of your hero in 4 lines.

THIRD STEP:

This 3rd step should explain hero's main problem in your short story in 4 lines.

FOURTH STEP:

How the main problem of the story affects hero's life and situation should be explained in this 4th step in at least 4 steps.

FIFTH STEP:

This step should explain how the hero searches the solution to his problem by first TURNING POINT of the story in 4 lines.

SIXTH STEP:

This 6th step should explain the secondary problems while searching for his solution to his main problem in 4 lines.

SEVENTH STEP:

This step should explain about the final struggle to solve his main problem in your short movie in 4 lines.

EIGHTH STEP:

How hero solves his main problem should be explained in this 8th and final step in 4 lines.

Now you have a 32-line complete detailed story picture in your hand now after completing this 8 steps. Now, we can move to the next step of how we can extract SCENE ORDER from this content. Okay.

Come on to the next chapter of MAKE SCENE ORDER.

Chapter 7. MAKE SCENE ORDER

WHAT WE HAVE DONE YET?

Just for a reminder, we have created 1-word and 1-line story (logline) and raised 4 questions and wrote our answer in 4 sheets. Then, extracted our 1-page (12 lines) OUTLINE from those 4 pages of content. Then, we split it as 8-step part and wrote in detail of what and how hero's problem started and finished. Right?

Now we are ready to extract scenes from each 8-step part content. Okay. Before that you should understand what is a scene?

WHAT IS A SCENE?

A scene is nothing, but a real life happening or in imagination in a certain location, time, place, position, point, or spot. A scene is a part of a sequence (segment part) of events in a short film, film, play, web series etc.

Scenes should explain a story VISUALLY with SOUND DESCRIPTIONS and other micro details to the audience to give an enhanced experience.

EXTRACT SCENES FROM EACH STEP OF 8.

What should you do as a screenwriter of your short film in this chapter?

You have 8-step content in different 8 single white sheets now. Right?

#You should extract at least one or more scenes.

HOW SHOULD EACH SCENE BE?

#you can split the each step 4-lines into sentences (words from one full stop (.) to another full stop (.)) and number each sentences, and make each sentence into a scene.

#Here scene means what is the business or action happening in each scene with a proper beginning, middle, and end.

#Each scene should be expanded VISUALLY.

#You MUST NOT add DIALOGUES in your scenes.

#Each scene should describe what is the business of the scene or action of the scene, that's all. We can add dialogues and sound description after we created the SCENE ORDER from this step. Understand?

#Each sentence of story information should be converted into a scene.

#Number each sentence and make them into a scene.

#Each scene should be interconnected to the next and prior scene. This is very important.

#Each scene business or action should move the story one step before.

#Should not repeat any action or business again unnecessarily.

#Write a flow chart of all the scenes from all the 8-step part.

#Each scene should be interconnected to reveal your story in an orderly manner. So, at the end of scenes extraction you will have at least 8 to 12 more scenes in your hand.

NUMBER YOUR EACH SCENE AND JOT DOWN ONE BY ONE IN A WHITE SHEET.

If you complete extraction of scenes from each sentence from 8-step information sheets, now you have a complete SCENE ORDER. Now, we can move to the next chapter of SCREENPLAY-DIALOGUE part next.

Come on.

Chapter 8. WRITE SCREENPLAY-DIALOGUES

Once you are satisfied with your SCENE ORDER list as you worked out from the above chapter. You are ready to write SCREENPLAY with DIALOGUE and SOUND DESCRIPTIONS to your scene one by one from your list in separate white sheets.

We will see how you can write screenplay and dialogues to each scene from your scene order sheet now step by step.

HOW YOU CAN WRITE SCREENPLAY-DIALOGUE IN WHITE SHEETS?

PLACE MENTION

If you are not familiar with computers and screenwriting software (I will explain about how to use them in the final chapter), you can start to write using white sheets only.

From your scene order sheet take one scene (business or action) . In a white sheet make a margin by folding the left hand side and start to put some scene description details like where it happens, when it happens by denoting short descriptions.

#If a scene happens interior of a house or a company or any other place you can note it like INT. (interior) on the left hand top corner. If scene happens exteriorly anywhere you should denote it as EXT. This is the primary thing.

TIME MENTION

#Then, after leaving a single space you should denote when it happens NIGHT or DAY (even the time is evening it is day only in script terms as there is some sunlight in the surroundings. The scene will be denoted as night even it happens in the evening 7o'clock, as there is not sunlight. Please keep this in mind.). Example illustration is here from one of my short film scripts.

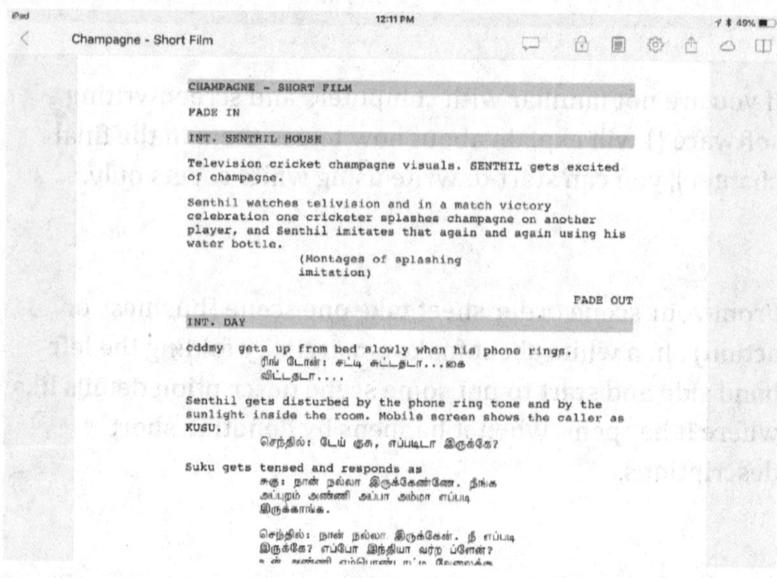

BUSINESS OR ACTION

After this you can write what happens in that scene as a description as in the above image. You can stop the sentence if any character speaks to some other. Dialogue should be written manually in a white sheet in the middle part of the sheet to differentiate dialogue part from the action or business part.

DIALOGUES

Dialogues should be added in the middle part of the white sheet after the description sentence where the dialogue starts with the character name and colon symbol (:).

PARENTHESIS ():

Brackets can be used if you feel any special mention for the actor or assistant or cinematographer or any other artists or technicians work in your movie should be mentioned in a bracket or parenthesis wherever you want it in the scene.

SCENE TRANSITIONS

After time, place, action, dialogues, and any special mentions, you should mention how your scenes ends like CUT TO or FADE OUT or DISSOLVE OUT etc in the right hand corner of the white sheet.

Write each scene in separate sheets and add screenplay descriptions as above. In this way, you can complete a professional-look screenplay just by using white sheets only. In the next chapter, we will know the interesting part of how to use SCREENWRITING SOFTWARE to write for your short film or your feature film etc. Okay. Come on.

Chapter 9. SCREENWRITING SOFTWARE USAGE

This chapter is dedicated to make you aware of screenwriting software to make you short film or feature film scripts.

SCREENWRITING SOFTWARE HELP CREATIVELY?

No.

WHY SHOULD WE USE SCREENWRITING SOFTWARE?

There are a lot of online and offline software is in the market with different names and with different features and in different prices. And what this screenwriting software actually do? Are they helpful in creative process of scripts? No. This software is only helpful in properly formatting your writing. That's all.

YOU WILL FEEL SPECIAL WHEN YOU WRITE USING SOFTWARE

Nowadays, all use computers, smart phones, and ipads etc like their sixth finger and so internet usage is vast worldwide comparing a few years back. Internet technology is growing day by day and it has reaches its peak position these days. So, writing anything using white sheets is an old-fashioned way. All have some apps to do different different their daily task in their computers, mobile phones, and ipads and so on. So, writing software usage is also not a wonderful thing nowadays.

<u>CELTX</u> MY FAVORITE FREE SOFTWARE

Though there are many paid software like Movie Magic, Final Draft, Fade In, Adobe Story etc, I prefer CELTX as my favorite to write my Tamil short films and feature films because it is purely FREE...!!!

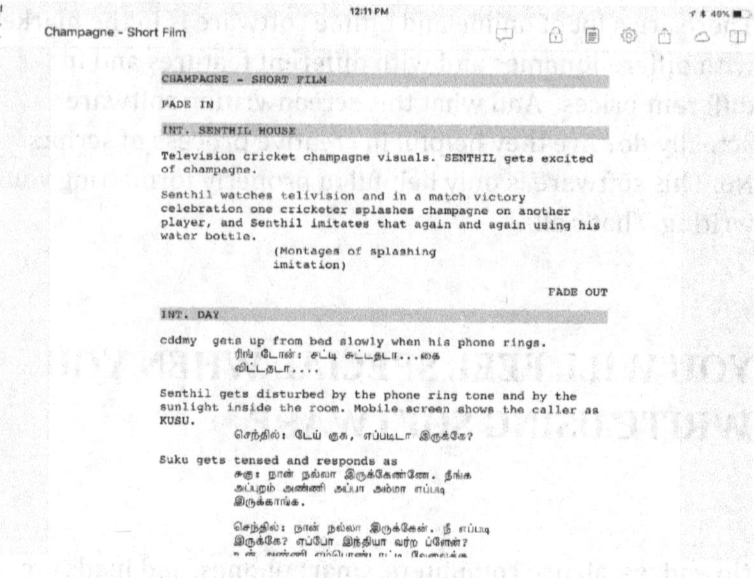

CELTX has all Hollywood quality script making features, but for FREE. All the features I introduced to write your script in white sheets are based on the features of CELTX only.

Apart from those I mentioned, there are plenty of other advanced script formatting options like storyboard creation, schedule creation etc are there inside. You can use them and enjoy the preproduction comfort using CELTX.

Now, we are moving to final chapter of knowing additional information about how to write scripts using CELTX in languages other than than ENGLISH.

Chapter 10. HOW TO WRITE SCRIPS IN LANGUAGES OTHER THAN ENGLISH ONLINE?

It is an important point to note that many paid and free screenwriting software is made supporting mainly ENGLISH language. Writers who don't know English are suffering from using this kind of quality software to use in their movies. They are in a compulsion to write only in English.

After a few months of effort, as a Tamil writer in India I found one magical free tool to write in your own language and copy paste them in CELTX often and save to use for your preproduction preparations.

USE <u>GOOGLE TRANSLITERATE</u> TOOL

#Go to Google and type "google transliterate tool" and you will get a writing tool. In this tool, you can select your own language and can type it in English and you will get you language output there.

#You can write in your own local language and copy and paste them in the CELTX tool and can save and print out later once you completed your script before shooting.

Are you happy with this information? I was so happy after I got this tool and see my script in Hollywood style in my own language Tamil.

Please use all the writing techniques and tools as I mentioned above and get ALL SUCCESS IN YOUR CREATIVE WORLD.

All the Best.

CIRCA L'AUTORE

Sasi Krish è un blogger, sceneggiatore in erba e appassionato di cinema. Questo è il mio secondo libro digitale sulla scrittura di sceneggiature per racconti.

9 781983 371516